DIEU ✝ PATRIE

POCHETTE
DU
CONSCRIT FRANÇAIS

8me ÉDITION
revue, augmentée de la liste des Œuvres paroissiales militaires
ET HONORÉE DE NOMBREUSES APPROBATIONS

« *Lisez... faites... et vous serez heureux.* »

LYON
LIBRAIRIE EMMANUEL VITTE
Imprimeur-Éditeur
3, place Bellecour, 3
1900

FEUILLE DE ROUTE PAROISSIALE

à faire remplir avant le départ par votre curé.

Le soldat ....

qui va au .... *régiment d* ....

en garnison à ....

trouvera un ami en la personne de M. l'abbé ....

....

aumônier de l'Œuvre militaire de la garnison.

L'AMI DU PAYS NATAL, (1)

.... Novembre 19........

(1) Nom et adresse de M. le curé.

POCHETTE

DU

CONSCRIT FRANÇAIS

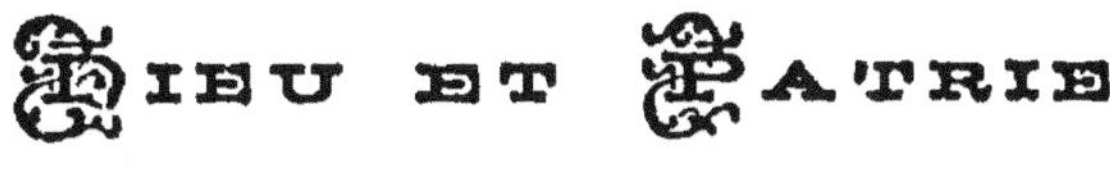

POCHETTE

DU

CONSCRIT FRANÇAIS

8me ÉDITION

revue, augmentée de la liste des Œuvres paroissiales militaires

ET HONORÉE DE NOMBREUSES APPROBATIONS

« Lisez.... faites.... et vous serez heureux. »

LYON

LIBRAIRIE EMMANUEL VITTE

Imprimeur-Éditeur

8, place Bellecour, 8

1900

« Pars et va à l'armée... Il le faut.
« Sois bonne enfant et Dieu t'aidera. »

(L'archange Saint Michel.)

« Toutes mes œuvres et mes faits sont en la main de Dieu et je m'en attends de lui. »
« Les gens d'armes batailleront et Dieu donnera la victoire.

(Jeanne d'Arc.)

APPROBATIONS [1]

Voilà un opuscule qu'il faudrait mettre entre les mains de tous nos jeunes soldats. Tout ce qu'il renferme est juste, sage et parfaitement approprié à l'état militaire.

De tels conseils sont le fruit de l'expérience, et nous les croyons appelés à faire beaucoup de bien.

Lyon, le 23 octobre 1896.

J. DÉCHELETTE, *vic. gén.*

Cette brochure est conçue dans un esprit excellent et sa forme est parfaite.

UN COMMANDANT DE CORPS D'ARMÉE.

Merci pour votre *Pochette*. Je l'ai lue avec un vif intérêt ; elle renferme d'excellents conseils auxquels les officiers seraient heureux de voir tous les jeunes soldats se conformer.

COLONEL L.

Ces cinquante pages d'aspect modeste peuvent rendre de réels services à nombre de conscrits en leur faisant toucher du doigt le *devoir*. Faire son devoir est toujours le plus facile et le plus avantageux.

COLONEL H.

Votre catéchisme militaire du jeune conscrit est un pur chef-d'œuvre. Il est court et en dit très long. Les bons conseils y coulent à pleins bords. Je souhaite ardemment qu'ils portent leurs fruits et ils les porteront...

CAPITAINE E. B.

---

(1) Ces approbations, prises parmi de nombreuses lettres d'évêques, de généraux, d'officiers supérieurs et d'aumôniers militaires, donnent une appréciation suffisante de cette brochure.

La mission du soldat est assez belle, assez grande, pour qu'il en soit fier : du jour où il est devenu gardien armé de l'honneur de son pays, il a revêtu un rôle considérable et noble.

Toutes ses petites misères, toutes ses fatigues, tous ses ennuis seront supportés vaillamment et gaiement, s'il ne perd pas de vue le but grandiose pour lequel il est préparé.

(Extrait du rapport d'un colonel.)

« On aime sa famille, mais on meurt pour la patrie. »

(Général AMBERT.)

I

Avant le départ.

1° Préparatifs spirituels.

1° Ne manquez pas de mettre votre conscience en règle et, si cela vous est facile, faites une *retraite* de quelques jours (1).

Assistez à la *messe de départ* et faites-y la sainte communion pour ces chers parents que vous allez quitter, et pour obtenir de Dieu la grâce de ne jamais être l'esclave du respect humain.

Renouvelez votre *scapulaire* et n'oubliez pas d'y faire coudre une *médaille* de la sainte Vierge : cela porte bonheur.

Vous ne sauriez mieux faire que le maréchal Bugeaud, gouverneur de l'Algérie. Ce glorieux soldat ne craignait pas de montrer sa médaille

(1) Cette retraite a aussi le grand avantage de permettre aux soldats *allant dans la même garnison* de se connaître. Les relations amicales commencées à la retraite ne seront pas les moins bonnes.

autour de lui : « J'ai promis à ma fille de ne pas m'en séparer », disait-il ; et le matin d'une bataille, l'ayant oubliée dans sa tente, il l'envoya chercher par une ordonnance. « Maintenant, dit-il tout haut en la recevant, allons battre les Kabyles. »

S'il y a à proximité de votre demeure un lieu de pèlerinage à la sainte Vierge, allez vous y consacrer à Marie ; en tous les cas, vous pouvez toujours faire cette consécration à l'autel de la sainte Vierge de votre église.

2° Priez votre curé de remplir la **Feuille de route** qui se trouve à la page 2 de la couverture : elle vous servira de lettre de recommandation pour l'*aumônier militaire* de votre garnison.

Vous irez le voir *au premier moment libre*. Au courant des usages de votre futur séjour, connaissant vos chefs et vos futurs camarades, il peut, plus que personne, vous donner des conseils tout à fait opportuns.

3° Préparatifs matériels.

Ce ne sera pas inutile de vous exercer *à manier un peu l'aiguille* : il faut savoir recoudre une déchirure et poser un bouton ; ce détail, qui paraît insignifiant, a sa valeur.

Faites couper vos *cheveux ras* : c'est une première bonne note et une corvée de moins.

Pour garnir votre *musette* ou votre valise, tenez-vous-en aux conseils de l'article qui suit.

II

Objets à emporter.

1° Le conscrit est souvent tenté de se munir de trop de choses qui l'embarrasseront plus tard.

Le mieux est de ne prendre que les choses à peu près indispensables qui ne sont pas fournies par l'Etat :

Un tricot de laine, très utile en hiver ;

Chaussettes, non fournies par l'Etat.

2° On peut ajouter :

Quelques mouchoirs, l'Etat n'en donne que deux ;

Une ou deux chemises, l'Etat en donne trois ;

Une ou deux serviettes, l'Etat en donne deux ;

Aiguilles, fil, ciseaux, savon, peigne, sont bien fournis par l'Etat, mais ne sont pas de première qualité ;

Dans la poche : *très bon couteau, porte-monnaie solide*... (et chapelet).

La plupart de ces menus objets pourraient sans doute être achetés à l'arrivée, à la cantine ou ailleurs, mais il est certainement préférable, et pour plusieurs raisons, de se les procurer avant.

Le tout peut se renfermer dans une petite valise qui trouvera sa place au local de l'Œuvre militaire.

3° *Eviter les objets de prix ou de luxe*, ils n'auraient d'autre utilité que de tenter certaines mains douteuses. — PAS DE MONTRE DE PRIX. Il y en a depuis cinq francs, c'est tout ce qu'il vous faut, attendu que vous n'êtes pas chargé de régler l'observatoire, et que le clairon ou la trompette sonnent les heures utiles à connaître.

4° En fait de *provisions de bouche* n'emportez que celles nécessaires pour le temps du voyage ; à la caserne elles courraient risque de se moisir... ou de servir à d'autres.

III

Questions d'argent.

1° Il n'est pas inutile d'emporter *un peu d'argent*, mais il importe beaucoup de ne le dépenser qu'à propos.

Confiez-le à votre aumônier. Il se fera un plaisir de vous le garder en dépôt et même de recevoir à son nom les mandats que vos parents auraient à vous envoyer : de cette façon nul de vos camarades ne sera tenté de frapper à votre bourse.

2° **La bienvenue** payée (et tous les *bleus* d'une chambrée s'entendent pour cela), votre argent ne doit servir qu'à reconnaître les petits services d'un camarade par l'offre faite de temps en temps d'une bouteille ou d'un café, ou bien à aider à la conservation de la santé. Un verre de vin après un exercice fatigant, un morceau de fromage le jour où la gamelle est insuffisante : argent bien employé.

Dépenser mal à propos, c'est se préparer ordinairement d'amers regrets.

3° **Les prêts ou emprunts d'argent** ont toujours de fâcheuses conséquences. **Se les interdire absolument.**

IV

Jour du départ.

1° Conserver tout son sang-froid.

Eviter surtout l'ivresse. — Le réveil n'en serait que plus triste.

2° Les jeunes soldats rejoignent maintenant leur corps individuellement d'après un ordre d'appel que le service du recrutement leur fait parvenir.

Bien remarquer le jour et l'heure prescrits pour l'arrivée et s'y conformer *scrupuleusement.*

Aucune raison ne serait acceptée pour justifier un retard quelconque.

3° A l'arrivée dans la ville, ne pas s'attarder sous prétexte de jouir d'un dernier reste de liberté; ne pas se laisser entraîner par les camarades, mais se rendre *immédiatement* à la caserne.

La *seule exception* permise serait, si elle est possible, une *très courte* visite à l'aumônier militaire.

V

A la caserne.

1° Avis généraux.

« *Le bon français estime l'état militaire et l'accepte avec empressement et fierté.* »

C'est un genre, pour la plupart, de s'en moquer avec un scepticisme railleur.

Réagir au moins au dedans de soi.

Ne pas considérer la vie du soldat comme un esclavage, mais comme un honneur.

Ne pas croire ce qu'en disent les camarades plus anciens. Ils se font généralement plus mauvais qu'ils ne sont. Demandez au plus sceptique s'il ne sent pas son cœur battre quand il présente l'arme au drapeau ?

S'entretenir de ces idées pour se donner du courage aux heures tristes, qu'il faut chasser à tout prix : « Un soldat triste, *est un triste soldat.* » La nostalgie (mal du pays) serait meurtrière à tous les points de vue.

Eviter surtout de se croire descendu d'un degré dans la société parce qu'on a revêtu l'uniforme. Tel jeune homme bien élevé se croit tout permis dès qu'il esl soldat : mauvaise tenue, propos grossiers.... C'est là une des erreurs les plus funestes.

2° A la chambrée.

L'arrivée dans la chambree est ordinairement pénible pour le jeune homme bien élevé, par suite de l'atmosphère de grossièreté que l'on y respire quelquefois.

Il faut éviter d'y avoir un rôle.

Laisser donc absolument de côté les conversations ordurières et les blasphèmes.

Ne rien dire, ne rien faire que l'on ne puisse dire ou faire devant sa mère.

Réagir par l'exemple de la dignité et de la bonne tenue. (Voir aussi page 27.)

On acquiert de cette façon plus d'influence et de considération qu'on ne le croit généralement.

Eviter d'autre part de vouloir sermonner et faire des discours.

Cela ne servirait à rien, au contraire. S'il se passe ou s'il se dit quelque chose de nature à vous scandaliser, protestez simplement par un silence digne.

Si vous sentez qu'il est opportun de donner votre avis, faites-le énergiquement mais sobrement.

Enfin, si vous voulez prêcher, il n'y a qu'un moyen : *l'exemple.*

3° Les premières heures de service.

Le lendemain de l'arrivée, lorsque vous sortirez du magasin d'habillement revêtu de votre nouvel uniforme, soyez fier de le porter.

Si la corvée est pénible, songez que le soir vous passerez dans la rue, cadençant le pas derrière la musique, et que le premier *pékin* venu s'arrêtera pour vous regarder passer.

Evitez dès le premier jour d'entrer dans le contingent de ces soldats toujours encroûtés, et bons seulement pour décrocher une permission, ou pour rêver jour et nuit au bonheur de devenir ordonnance ou auxiliaire de bureau quelconque.

Montez la garde à votre tour et ne vous faites pas remplacer pour le piquet de ronde ou d'incendie, sans raison sérieuse.

4° Si on vous choisit pour le **peloton d'instruction**, acceptez, c'est un honneur qu'on vous fait, il vous conduit aux galons de laine, et, par ceux-ci on gagne les autres.

Les avantages que le grade procure, compensent largement la peine que l'on a prise pour le gagner.

(Ce dernier conseil concerne moins les religieux et les séminaristes : les obligations résultant de leurs règlements religieux s'accommoderaient peut-être difficilement du surcroît de travail nécessaire à l'obtention des grades) (1).

---

(1) Voir, à ce sujet, le SUPPLÉMENT à la *Pochette du Conscrit* pour les religieux et séminaristes soldats (Même éditeur).

VI

Obéissance et discipline.

1° *Conservez toujours et malgré tout une haute idée de* **l'obéissance.**

Songez qu'elle est strictement nécessaire dans l'armée.

Elle n'entrave en rien le développement de l'intelligence, comme le prétendent certains sophistes, elle ne fait que dompter la volonté.

Loin d'abaisser les caractères, elle les relève; car elle exige souvent une grande force d'âme.

En obligeant le soldat à faire abnégation de sa propre pensée, pour mettre son intelligence au service d'une volonté autre que la sienne, elle sollicite le dévouement qui *engendre les plus nobles actions*, et quand ce dévouement s'élève jusqu'au sacrifice de la vie, *l'obéissance a une grandeur qui étonne et qui impose le respect.*

(Conseils d'un colonel.)

2° Le règlement sur le service intérieur s'exprime ainsi :

« **La discipline** faisant la force principale des armées, il importe que tout supérieur obtienne de ses subordonnés *une obéissance entière* et une soumission de tous les instants, que les ordres soient exécutés littéralement, *sans hésitation ni murmure*; l'autorité qui les donne en est responsable, et la réclamation n'est permise à l'inférieur que lorsqu'il a obéi. »

« Si l'intérêt du service demande que la discipline soit ferme, il veut, en même temps, qu'elle soit **paternelle.** Toute rigueur qui n'est pas de nécessité, toute punition qui n'est pas déterminée par le règlement, ou que ferait prononcer un sentiment autre que celui du devoir, *tout acte, tout geste, tout propos outrageant d'un supérieur envers son subordonné, sont sévèrement interdits*. Les membres de la hiérarchie militaire, à quelque degré qu'ils y soient placés, doivent traiter leurs inférieurs avec bonté, être pour eux des guides bienveillants, leur porter tout l'intérêt et avoir envers eux tous les égards dûs à des hommes dont la valeur et le dévouement procurent leurs succès et préparent leur gloire. »

3° On trouverait dans d'innombrables ordres du jour des preuves de l'affection paternelle que les chefs ont pour leurs hommes, officiers ou soldats. Citons entr'autres celui du général Fabre (22 août 1897) : « Au revoir, mes amis. Pensez quelquefois à votre ancien chef comme il pensera souvent à vous. Votre souvenir vivifiera ma retraite et lorsque Dieu me rappellera à lui, *si ma dernière pensée est pour la France, le dernier battement de mon cœur sera pour vous.* »

VII

Honneur et Drapeau !

1° « **L'honneur** est un sentiment délicat, intime, que nous inspire l'amour du devoir et l'horreur du mal ; il *inspire le sacrifice*, il *conseille le dévouement*, *il accompagne la vertu*.

« La solidarité avec laquelle il unit tous les membres de l'armée est si étroite que, dans les circonstances critiques, chacun expose sa vie pour sauver l'honneur du groupe dont il fait partie.

« L'honneur militaire est un ressort qui, loin de s'user se retrempe par l'usage intelligent qu'on sait en faire. » (*Conseils d'un colonel.*)

2° Un mot sur le **duel**, cette funeste et quelquefois si terrible conséquence d'une fausse interprétation de l'honneur !

Le duel entre soldats ne se trouve nulle part compris au nombre des cas prévus pouvant faire l'objet d'un service commandé.

« Tant que j'aurai l'honneur de commander mon régiment, disait un brave colonel, je vous jure qu'il n'y aura pas de duel. »

Napoléon Ier disait : « *duelliste, mauvais soldat* » et aussi mauvais chrétien. (Voir la *Vie du général de Sonis*, par Mgr Baunard, page 417.)

3° « Le **drapeau** national est l'emblème de la patrie, partout où il flotte, il représente le pays, son histoire, son avenir, ses aspirations, ses espérances.

« Pour le soldat, il symbolise l'honneur militaire, il lui rappelle le devoir, il lui trace la voie à suivre en toute occasion : il est le signe de ralliement autour duquel viennent se grouper, pendant le combat, les forces éparses du régiment pour se preparer à de nouvelles luttes et à de nouveaux efforts.

Les honneurs militaires qui lui sont rendus rappellent rapidement à chaque soldat le patriotisme et le dévouement qu'il doit à son pays.

Dans un régiment les hommes passent, le drapeau reste. »

VIII

Devoirs envers les Supérieurs.

1° Dès l'arrivée, le jeune soldat entendra dire du mal de la plupart de ses supérieurs, beaucoup de bien de quelques-uns.

Ne pas accepter ces jugements tout faits.

Le supérieur petit ou grand, ne doit jamais être jugé simplement comme homme.

Garder *dans tous les cas* ses jugements pour soi : « trop parler nuit ».

Si les supérieurs ont quelquefois l'air dur, ne pas s'en effrayer ; cette attitude est nécessaire vis-à-vis de certains caractères. Ils auront vite fait, du reste, de distinguer le *soldat docile et soumis* qui sait obéir sans avoir besoin d'être menacé.

2° Une chose qu'il importe beaucoup d'éviter surtout dès le commencement, c'est d'avoir de trop grandes relations avec les supérieurs *en dehors du service*.

Se tenir dans une prudente réserve.

Le contraire ne mène à rien de bon et conduit quelquefois à des choses désastreuses.

Le supérieur que vous fréquentez — sous-officier ordinairement — est amené à vous accorder des faveurs dont les camarades seront jaloux. Lui-même ira jusqu'à engager sa responsabilité. Mais si cela lui suscite des ennuis, gare! il se retournera furieux contre vous.

3° Un exemple :

Le lieutenant de la compagnie vous inflige 4 jours de consigne pour une vétille. Le mieux serait de faire votre punition simplement. Mais vous êtes justement très bien avec le sergent de semaine qui consent à vous laisser sortir. Neuf fois sur dix vous n'aurez pas fait trois pas hors de la caserne que vous rencontrerez votre lieutenant. Alors 1° punition *sévère* pour vous : « Est sorti étant puni, preuve d'insoumission »; 2° punition non moins sévère pour le sergent.

Celui-ci aura toujours une sorte de rancune, et à l'avenir vous tiendra « à l'œil ».

Donc point de ce que l'on appelle « le fricotage ».

Le « fricoteur » est mal vu *de tous* et paie chèrement, tôt ou tard, les faveurs qu'il s'est indûment procurées.

IX

Des Punitions.

1° Ne pas s'alarmer des punitions légères, méritées ou imméritées. En prendre gaiement son parti.

Ne jamais risquer de *punitions graves : celles-là peuvent toujours s'éviter.*

Se soumettre sans murmures et sans protestations. Si l'on est victime de petites injustices, les souffrir simplement et patiemment sans même se plaindre. C'est la menue monnaie de la vie. Le vrai chrétien ne peut qu'en être heureux.

2° Si l'injustice est plus grande et ne peut être acceptée, réclamer dans la forme voulue par le règlement.

Commencer la punition et réclamer ensuite fermement, mais *avec calme, sans esprit de vengeance,* et sans autre but que de faire reconnaître son innocence.

Ne jamais entrer dans d'autres détails que ceux qui concernent exclusivement la question.

3° Voulez-vous une preuve que vos chefs n'aiment pas à punir ? Lisez cet extrait du rapport d'un colonel pour le jour de l'an (1896) :

« Les punitions de consigne et de salle de police seront levées.

« Le colonel constate avec peine que les punitions sont trop nombreuses ; il désire qu'elles le soient moins à l'avenir, et pour cela il fait appel au bon vouloir, à la patience et à la bienveillance des uns et des autres. Beaucoup de fautes peuvent être prévenues par des conseils, par des avertissements et les punitions seront ainsi évitées. »

(Colonel M.)

4° Pour mémoire : les *chambres en ville* et les uniformes *fantaisie* sont une pépinière assurée de punitions.

X

Relations avec les camarades.

1° Un conseil qui les résume tous : **Etre charitable et aimer à rendre service.**

C'est le meilleur moyen d'adoucir les moments pénibles. Cela est si vrai que l'indifférence qui semble régner dans la chambrée n'existe qu'à la surface. Il suffit de *l'exemple* d'un bon mouvement pour que toutes les bonnes volontés se mettent en branle.

2° Un exemple pas rare : Un jeune soldat non encore formé aux détails du métier se trouve en retard pour une revue. Cinq minutes avant de descendre sac au dos, alors que tout le monde est prêt, son ceinturon, son sabre, son sac, ses courroies et accessoires sont encore pêle-mêle sur son lit. On le blague un peu — mais soudain son voisin prend pitié de lui et lui donne un coup de main. Cela suffit : tout le monde s'y met, et le pauvre conscrit se trouve en un tour de main ceinturonné, bouclé, chargé ; il est prêt.

Pas besoin de dire que cet acte de bonté gagna au voisin charitable l'estime de toute la chambrée; dès lors tout apostolat lui devint facile.

3° Se chercher un camarade, *le bien choisir*. Un ami est nécessaire, indispensable même. Le prendre parmi *ceux dont la condition de fortune est* semblable à la vôtre.

Quand le jeune soldat reviendra du magasin d'habillement, chargé de tout son fourbi, un ancien se propose ordinairement pour lui apprendre à se débrouiller et pour le mettre au courant des mille petits détails du métier.

Acceptez ses services. On les récompense ordinairement par quelques tournées à la cantine.

4° En principe, le jeune soldat doit toujours éviter de « faire suisse », c'est-à-dire de se payer *seul* des douceurs.

On invite toujours un camarade.

L'usage, *toujours respecté*, veut du reste qu'une politesse soit toujours rendue. C'est une tradition dans la vie militaire. Les plus pauvres s'y conforment et cela a quelquefois quelque chose de touchant.

5° Entre civils, les *discussions politiques* ont toujours des conséquences fâcheuses, ce serait bien pire entre soldats. Il ne faut jamais ni les faire naître ni les continuer.

XI

Les brimades.

1° Les brimades diminuent et disparaissent de plus en plus.

Payer son tribut gaiement sans *jamais* se fâcher. S'y prêter même et y prendre part lorsque la farce est inoffensive (1).

Si elle est un peu méchante, la supporter avec patience, Dieu en tiendra compte. S'abstenir rigoureusement d'y prendre part vis-à-vis des autres ; ne jamais se venger.

Si la brimade est de nature à blesser la pudeur, y résister fermement et vigoureusement.

La farce finie, venir toujours en aide à la victime pour remettre ses affaires en ordre, s'il y a lieu.

---

(1) Si votre lit est en bascule, tombez le plus br[illegible]ment possible, et riez autant que les autres.

2° Les supérieurs tiennent généralement la main à ce que ces plaisanteries ne dépassent pas certaines bornes. Leur responsabilité y est engagée.

3° Si les jeunes soldats prenaient l'engagement de ne jamais, lorsqu'ils seront devenus des anciens, faire souffrir aux autres ce qu'ils ont souffert eux-mêmes, les farces stupides disparaîtraient. Malheureusement, c'est la résolution contraire qui est souvent prise.

4° Autre remède efficace : Ne pas craindre d'apporter dans la chambrée quelques farces innocentes, quelques bons mots inoffensifs, jeux ou tours, etc. Rien de tel pour mettre à néant les farces méchantes des mauvais farceurs.

La chambrée appartient à qui sait la faire rire et l'amuser (1).

On commence par cette première influence, elle peut être le premier échelon de l'influence morale qui ne tarde pas à venir.

---

(1) La *Pochette du Boute en train* (même éditeur) contient de nombreuses recettes de jeux et d'amusements.

XII

Devoirs envers soi-même.

1° Propreté.

La propreté est réellement une vertu pour le soldat ; propreté *du corps*, qui évite les maladies ; propreté *des effets et armes* qui évite les punitions.

Les trois quarts des punitions ne proviennent que du manque de propreté.

(Le général de Saint-Mars avait prescrit aux soldats-ordonnances de se nettoyer les ongles avec un papier plié en huit : très bon système pour ceux qui n'ont pas de lime à ongles dans leur poche.)

2° Tempérance.

La tempérance est d'autant plus nécessaire au soldat que l'ivresse est déshonorante *pour lui et le conduit aux pires choses*. L'ivresse est la caractéristique du mauvais soldat.

N'étant jamais considérée comme circonstance atténuante (code militaire) elle entraîne toujours des punitions *exemplaires.*

C'est la cause de la plupart des cas de *conseil de guerre.*

Il faut s'en garder à tout prix.

3° Chasteté.

Le soldat a déjà la *pauvreté* et l'*obéissance*, que lui manque-t-il pour ressembler au religieux ? La chasteté et la prière.

Si le vice de l'impureté n'existait pas, l'armée serait une école de morale.

Un réseau de tentation sera tendu autour du jeune soldat.

Son salut est dans la *dévotion à la sainte Vierge* et dans la *fuite.*

Fuite des mauvaises lectures, ceci est facile.

Fuite des conversations déshonnêtes qui amènent de mauvaises idées.

Fuite des mauvaises compagnies.

Si jamais de mauvais camarades cherchaient à entraîner le jeune soldat dans de mauvais lieux, qu'il se montre dès le début *inébranlable.*

Respect de soi-même et de l'uniforme. Fuir les mauvaises rencontres, le soldat y est souvent plus exposé que les autres.

En ne transigeant sur rien il restera inattaquable.

4° Visites et relations.

Sauf les personnes recommandables qui peuvent être en relations avec la famille du jeune soldat, celui-ci doit éviter en principe toute connaissance dans le civil.

Des relations de cette nature ont *toujours* pour résultat de détourner plus ou moins le soldat de ses devoirs. Le civil qui n'en connaît ni la pratique ni l'importance est souvent un mauvais conseiller.

Inutile d'ajouter qu'il en est malheureusement qui cherchent sciemment à propager dans l'armée des idées corruptrices, de nos jours surtout.

(Se méfier des visites nécessitées quelquefois par le blanchissage du linge. Elles seraient dangereuses si elles n'étaient très courtes et très réservées.)

5° Santé.

Rien n'est plus nuisible à la santé que les mauvaises compagnies. La statistique médicale de l'armée, bien que s'améliorant de plus en plus, est encore navrante.

Rejeter bien loin tous les ignobles préjugés que des esprits dévoyés prennent plaisir à enseigner *aux bleus*.

Pas difficile de rencontrer un camarade ayant mêmes idées sur ce point. S'en rapprocher : à deux on est plus fort.

Si je me conduisais mal, disait un brave

petit soldat, *ma mère pleurerait. Oh ! je serai sage, je le lui ai promis...* »

Pourquoi ne pas parler de celle que Dieu vous donnera un jour pour compagne... Quelle honte et quelles funestes conséquences, si vous n'apportez que des ruines à son foyer !...

En cas de surprise, se relever *de suite* et éviter à tout prix le découragement.

6° Récréations et loisirs.

*Passer tous ses loisirs à l'*Œuvre militaire (1). C'est le moyen le plus efficace pour conserver à la fois et sa vertu... et son argent.

« Depuis que je suis assidu à l'Œuvre militaire, disait un soldat, je dépense beaucoup moins et je m'amuse beaucoup plus » (2).

C'est l'Œuvre militaire qui vous fournira les meilleurs amis, et les plus saines récréations.

Pourquoi ne pas employer les longues soirées d'hiver à perfectionner votre instruction ? L'aumônier sera heureux de se mettre lui et sa bibliothèque à votre disposition.

Dans plusieurs œuvres on a institué des *cours du soir* qui rendent de réels services aux illettrés.

---

(1) S'il n'y a pas encore d'Œuvre militaire dans la garnison, aidez à en créer une. Le soldat présent, le local se trouvera.

(2) Au cas où le soldat changerait de garnison, qu'il consulte la liste qui termine cette brochure : il sera vite orienté vers les Œuvres de sa nouvelle résidence.

XIII

Devoirs religieux.

1° Quelques principes :

Le soldat, en tant que soldat, n'est pas dispensé de ses devoirs religieux.

La prière, la messe du dimanche, la communion pascale sont d'une stricte obligation pour lui comme pour les autres fidèles.

Il peut toujours, avec de la bonne volonté, *à part les raisons de service*, accomplir son devoir dominical.

Les règlements, loin de s'y opposer, *veulent que tous les soldats puissent remplir leurs devoirs religieux*. Ce sont les propres expressions du Président du Conseil dans une interpellation à la Chambre des députés (1895).

2° Conclusion.

Ne jamais omettre sa *prière du matin et du soir*. Celle du matin ne pouvant être longue, puisqu'on la fait en s'habillant ou en allant à l'exercice, se rattraper sur celle du soir.

C'est là le meilleur moment et le plus doux repos de la journée !

Ne pas craindre de la commencer au pied de son lit : pour un séminariste ou un religieux, cet acte de courage est un devoir. Cet exemple est toujours suivi par d'autres camarades.

Dans une chambrée de vingt-deux lits, un soldat ayant fait ainsi sa prière, *ses camarades lui ont demandé de la faire à mi-voix... tous ont répondu.* Cas exceptionnel, mais il montre ce que peut obtenir le courage chrétien.

3° Profiter du dimanche pour refaire ses *provisions spirituelles* de la semaine.

Ne pas croire la sainte communion inutile et impossible. Inutile ? Mais elle est nécessaire pour assurer la persévérance. Impossible ? Mais il y a des soldats qui la font tous les dimanches.

Se confesser le plus souvent possible. La confession purifie, préserve et encourage. *Dans les moments de tristesse, elle est un remède infaillible.*

« Dieu seul peut remplir le cœur du soldat, à Lui toujours de plus en plus. »

Général DE SONIS.

La veille de la bataille de Gravelotte, toute une batterie d'artilleurs était allée se confesser sous la tente de l'aumônier, M. Baron. Le lendemain, ils se battirent comme des lions, et l'un deux disait au prêtre qui les félicitait : « Est-ce que vous ne nous reconnaissez pas ? Nous sommes allés vous trouver hier soir, et quand on a fait cela, on ne craint pas l'ennemi. »

« Sans la religion, pas d'homme complet. »

Général CHANZY.

XIV

Devoirs filiaux et paroissiaux.

1° Famille.

A l'Œuvre militaire, le papier à lettre et les enveloppes ne coûtent rien, en profiter pour correspondre régulièrement avec vos parents. Ne gaspillez jamais l'argent qu'ils vous envoient,.. pour un grand nombre c'est le fruit de bien des fatigues et de bien des privations!

Un soldat venait de recevoir un mandat de 10 francs, et il pleurait. « Vous n'avez pas assez? lui dit l'aumônier. — Oh! si, mais il faut renvoyer cet argent à ma mère, elle est si pauvre! » Ayez du cœur comme ce camarade.

2° Paroisse et Œuvre de jeunesse.

A chacune de vos permissions, ne manquez pas d'aller rendre visite à votre curé : il s'intéresse tant à vous!

Allez serrer la main aux camarades de l'Œuvre qui a abrité votre jeunesse.

Cette marque d'affection est dictée autant par la reconnaissance que par la nécessité d'entretenir les liens de l'amitié fraternelle.

Nous connaissons des œuvres de jeunesse où tous les soirs on prie pour les soldats. Ce rendez-vous du cœur a bien ses charmes et son utilité.

3° C'est au retour du service que l'on sera heureux de retrouver ses anciens amis.

On reprendra d'autant plus facilement sa place dans les Œuvres paroissiales, que les relations n'auront jamais été interrompues.

XV

Conseils d'un père à son fils.

« Arbore ton drapeau tout de suite afin que l'on sache qui tu es... Il faut qu'après quarante huit heures les camarades n'aient aucun doute à ton sujet ; c'est l'unique moyen d'éviter les positions fausses et les engagements équivoques.

« *Parler comme on croit, et agir comme on parle*, voilà la meilleure logique du monde.

» **Quand on a l'honneur d'être chrétien, il ne s'agit pas de se faire pardonnner ou tolérer, mais bien de se faire respecter.** »

(Colonel PAQUERON.)

« *Soyez dociles, bons petits soldats ; soyez gais et pleins d'entrain ; pensez à ceux que vous aimez et que vous êtes destinés à protéger; pensez à votre beau pays de France que vous devez être toujours prêts à défendre; faites-vous aimer de vos chefs petits et grands qui ne marchandent pas leur affection et leur sollicitude et qui, plus encore que vous, consacrent leur force et leurs soins à l'honneur et à la grandeur de leur pays. »*

(Colonel M.)

« De tous les sentiments qui élèvent le cœur de l'homme, le plus puissant est incontestablement le sentiment religieux, où le soldat puise l'espérance qui le soutient et le fortifie. »

Général BERTHAUT.

Tu donnerais ton sang pour ce peuple abattu,
Plus généreux encor donne-lui ta vertu !

DE LAPRADE.

XVI

Dernières recommandations.

Vivez sous le regard de Dieu.

N'oubliez jamais vos parents.

Ne faites jamais rien qui puisse faire pleurer votre mère.

Gardez le souvenir de l'église de votre pays.

Là-bas, on pense à vous !... on prie pour vous... !

Confiez-vous corps et âme à la Sainte Vierge.

Dites souvent cette prière :

« Notre-Dame des armées, gardez-moi, soutenez-moi, protégez-moi.

J. M. J.

XVII

Quelques traits et documents

SERVANT DE PREUVES

aux conseils contenus dans la Pochette.

1° Le service militaire actuel.

Pour ceux qui ont le triste privilège d'avoir vu arriver trente ou quarante *classes*, le conscrit de nos jours ne ressemble guère à celui qu'ils connurent à leur rentrée au corps. L'arrivée du contingent vers 1850, ou même 1860, si elle était racontée par un témoin, paraîtrait une histoire du bon vieux temps. On devrait bien l'écrire et la répandre dans les familles pâles d'effroi à la pensée de ces trois années ou de cette année unique à passer à la caserne. Les « bleus » verraient qu'on leur fait la partie belle, en comparant leur sort à celui de leurs aînés appelés sous les drapeaux pour sept années.

Sept années ! Ceux qui comptent jour par jour la durée du service restant à accomplir, se doutent-ils de cet exil, en un temps où le recrutement à demi-régional d'aujourd'hui n'existant pas, où les régi-

..ments étant d'ailleurs sans cesse déplacés de Brest à Lille, de Besançon à Périgueux, on était à des centaines de kilomètres de la maison paternelle ! Alors, pas de chemins de fer permettant d'aller rapidement en permission ; ces sept années étaient bien du service effectif. On partait frêle et imberbe, on revenait homme solide, moustachu et bazané, ayant presque toujours sinon fait des expéditions, au moins passé quelque temps en Afrique.

Pour le jeune « bleu » moderne, on a adouci toutes les aspérités du chemin. Le dernier vestige de l'antique mise en route des recrues a disparu, plus de détachement, le bleu reçoit une feuille de route, prend son billet et monte dans le train comme un bourgeois, la vie militaire ne le prend qu'à son arrivée dans la garnison, où la musique du régiment l'attend pour lui faire fête et le conduire à la caserne.

Au quartier, plus de brimades et de plaisanteries grossières. La théorie s'est faite douce ; beaucoup d'officiers, ont écrit des manuels dont le ton contraste fort avec la rudesse d'autrefois. Dans les régiments bien administrés, les bleus ne trouveront même plus la gamelle en commun. Des tables, un couvert propre, une nourriture variée, donneront à beaucoup l'illusion d'un chez-soi plus confortable. Le village natal n'est jamais bien loin, il est toujours facile de l'atteindre en quarante-huit heures. Puis ce n'est que trois ans.

2° Ce qui relèvera la France !

Lorsque la neige enveloppe le bivouac d'un blanc linceul, lorsqu'un morceau de pain dur est la seule richesse, lorsque la capote déchirée laisse pénétrer la pluie glacée, lorsque les pieds sont nus, ce n'est ni Voltaire, ni Rousseau, ni les orateurs politiques, ni les chants de la *Marseillaise* qui mettent le feu aux poitrines. Il faut une croyance, une foi, une espérance, un but ardemment poursuivi.

On a voulu expliquer les fabuleuses défaites de l'armée française en cherchant des causes diverses : la trahison, l'infériorité des canons, la faiblesse des états-majors, l'imprévoyance de l'administration, sans compter le reste.

Pourquoi ne pas reconnaître franchement que ce n'est pas l'armée qui a été vaincue, mais la France ? *La nation s'est écroulée parce qu'elle était sans foi et sans respect. Elle méprisait l'autorité, celle des hommes comme celle de Dieu.* L'armée était sans discipline, parce que le pays tout entier ne savait plus obéir à l'Eglise ni à la loi. Les mots : patrie, honneur, gloire, sacrifice, faisaient venir le sourire aux lèvres. Le théâtre bafouait la *croix de ma mère* et le *sabre de mon père*.

C'est en vain que, pour relever la France de sa chute, on fondra de nouveaux canons, on créera des armées territoriales, on bouleversera toutes les institutions militaires, en copiant servilement la Prusse : rien ne fera.

Le seul remède, — et celui-là est infaillible, — ce serait de ramener la nation française vers son Dieu.

Jusque-là, nous nous épuiserons en vains efforts, comme le malade qui change de position, jusqu'à l'heure fatale où commencera l'agonie.

Général AMBERT.

3° Du choix des camarades.

Les parents me demandent quelquefois : « Avec qui ira mon fils, au milieu de ses camarades ? — Il ira avec qui lui plaira. C'est à lui de choisir ses amis. »

Comment ! il faudrait qu'on vous donnât la liste de vos amis ! Choisissez-les vous-mêmes, selon l'initiative de votre cœur gouverné par une saine raison, par un esprit droit et largement ouvert... Eprouvéz-les ! Vous verrez bien s'ils sont dignes de vous. S'ils vous donnent de mauvais conseils, votre devoir est de vous rebiffer : et s'ils vous trahissent, c'est le cas de rompre : il n'y a pas d'amitié sans fidélité.

P. DIDON.

4° Utilité de l'œuvre militaire.

Aumônier d'œuvre militaire, j'ai souvent fait cette remarque. Des jeunes gens de bonnes familles, excellents chrétiens, espoir de leurs parents et de leurs pasteurs, arrivent au régiment sans lettres de recommandation pour qui que ce soit ; jetés dans un milieu qu'ils ne soupçonnaient pas, éperdus, dépaysés, ne connaissant ni la ville ni les usages locaux, ne rencontrant que des étrangers, ils se mettent peu en peine les premiers temps d'assister à la messe le dimanche ; et, soit négligence, soit apathie, soit respect humain, ils s'habituent bientôt à ne plus remplir leurs devoirs religieux.

J'en ai recueilli l'aveu sur les lèvres de beaucoup, lorque la maladie les a amenés à l'hôpital. Pauvres jeunes gens, ils se sont trouvés sans garde, sans un cœur ami, et, faute d'encouragement, de conseils, de simple information même, ils ont laissé toute pratique ! S'ils avaient eu quelqu'un pour les aider, ils seraient restés sans doute bons, ils auraient doublé ce cap des tempêtes et cette épreuve achevée sans trop de défaillances, ils eussent été de plus vaillants soldats chrétiens encore !

D'autre part, s'ils n'ont pas un asile où se retirer à leurs moments libres, il leur faut demeurer pendant de longues heures dans la chambrée, séjour malheureusement funeste, ou, sortant en ville, ils sont forcément entraînés par leurs camarades dans des cafés où leur vertu se heurtera à de nombreux écueils. Dès lors c'en est fait des bons principes reçus au foyer domestique ; les mauvaises habitudes sont bientôt contractées, et une fois engagé dans l'engrenage, il est difficile d'en sortir.

5° Un soldat qui a vu du pays.

Un soldat, à la fin de son service, rentrait sous le toit de sa bonne mère. Le dimanche arrive.

— Viens-tu à la messe avec moi ? dit la pieuse mère.

— Oh ! voyez-vous, ma mère, j'ai voyagé, j'ai vu Paris ; j'ai acquis bien des connaissances dont ne se doute pas celui qui reste dans son village ; vous sentez bien que j'en sais maintenant trop long pour prier comme les bonnes femmes ?

— Ah ! tu n'as plus besoin du bon Dieu, maintenant que tu as vu Paris.

— Mais si, ma mère, mais je raisonne et je me dis : « Il ne m'arrivera que ce qui doit m'arriver ; il est donc superflu de rien demander et d'ennuyer le bon Dieu. »

La bonne mère va seule à la messe. Rentrée chez elle, elle ne prépare rien pour le repas.

Le troupier arrive à l'heure du dîner. La table est vide, pas de feu dans la cheminée.

— Ah çà ! ma mère, est-ce que nous dînons en ville, aujourd'hui ?

— Non !

— Mais vous ne m'avez rien préparé !

— C'est que, vois-tu, ton raisonnement m'a éclairée. Je me suis dit comme toi : « Inutile de s'inquiéter ;

si mon fils doit faire un bon dîner, il le fera ; s'il doit s'en passer, il s'en passera ; tu vois que je m'instruis aussi bien vite. »

Le fils comprit la leçon, et revenu au bon sens.

— Ma mère, faites votre fricot, et dimanche prochain nous irons à la messe ensemble.

6° Tant que j'ai cru en Dieu.

Un ouvrier ajusteur, ivrogne fieffé, exposait un soir au cabaret ses idées sociales à un « copain » :

Plus de patrons ! — Plus de gendarmes ! — Plus de curés ! — Les curés ! oh ! là là!... ricana l'ajusteur, imagine-toi que ma femme, dans les premiers temps, s'était mis dans la tête d'aller à la messe et de faire maigre le vendredi !...

— Pas possible !...

— Si !... tu sais... ç'a pas été long !

Il rentre chez lui et trouve un attroupement de la police et de la foule devant sa porte. Il monte... Il trouve sa femme et ses trois enfants gisant asphyxiés sur le lit conjugal, avec ce billet en guise d'adieu :

« Tant que j'ai cru en Dieu, j'ai eu la force de supporter ma misère. A présent que mon bourreau de mari a fait de moi une désespérée et une impie, je ne veux pas que mes enfants soient malheureux comme moi, et je m'en vais avec eux. »

7° Un homme de foi.

Un jour que Drouot revenait vers Nancy, deux jeunes officiers en sortaient ensemble pour jouir du spectacle enchanteur d'un coucher de soleil derrière les Vosges. Ils arrivaient au carrefour de plusieurs routes, lorsqu'une grande croix, dominant un calvaire, frappa leurs regards. L'un des officiers se découvrit aussitôt avec respect, mais son camarade lui retint vivement le bras en disant :

— Prends garde, si on nous voyait ? voilà quelqu'un ! — Que m'importe ! repartit l'autre. *Tu saluerais ton chef, je pense ? Eh bien, moi je salue notre Maître à tous.*

Drouot, appuyé sur son bâton, marchant avec lenteur, vêtu d'un habit étroitement boutonné, dépassait à ce moment même les deux amis. Au pied du calvaire, il s'arrêta, salua avec respect et reprit le chemin de la ville. Le dimanche suivant, les deux officiers remarquèrent à la messe le vieillard qui leur avait donné, sans le savoir peut-être, une si bonne lecon ; à la communion, il s'avança vers la sainte table et communia avec un respect tout militaire et tout filial en même temps. Un ruban rouge à la boutonnière et la rectitude de cette mise simple mais digne excitèrent la curiosité des jeunes gens.

— Et quel est donc ce vieillard ? demandèrent-ils. — Quoi ; vous habitez Nancy et vous ne connaissez pas le général ? — Quel général, encore une fois ? Nous arrivions il y a huit jours. — Le général Drouot.

XVII

Liste générale des Prêtres

CHARGÉS PAR NN. SS. LES ÉVÊQUES

DES ŒUVRES PAROISSIALES MILITAIRES DE FRANCE

(1er novembre 1900 — 1er novembre 1901)

Comité consultatif de l'Aumônerie paroissiale militaire.

Ce Comité se réunit une fois tous les mois et est composé des prêtres dont les noms suivent :

MM. **Fortier**, O. ✻ Chanoine honoraire de Paris, Président des Œuvres militaires diocésaines, décoré à Gravelotte, *Président ;*

Maurin, O. ✻ Chanoine de Saint-Denis, aumônier de la garde en 1859 et en 1870, *vice-Président ;*

Binz, Chanoine prébendé de N.-D. de Paris, aumônier depuis 1870, aumônier de mobilisation, aumônier de l'Œuvre militaire de St-Philippe du Roule ;

Baston, aumônier de l'Œuvre militaire des Tourelles, rue Pelleport, 109, Paris, aumônier de mobilisation, *trésorier ;*

Profillet, ✻ ancien aumônier en Crimée ;

Thibaut, aumônier de l'hôpital militaire de Vincennes ;

Asseray, aumônier de l'Œuvre militaire du Gros-Caillou et de l'École militaire ;

De la Charle, aumônier de l'Œuvre militaire des casernes du Château-d'Eau et de la Nouvelle France, 24, rue de Chabrol ;

Fonssagrives, aumônier du Cercle des Etudiants, 18, rue du Luxembourg ;

Ambier, vicaire à Saint-Michel des Batignolles, 101, avenue de Clichy, *pro-secrétaire.*

GOUVERNEMENT DE PARIS

Œuvres paroissiales militaires. PRÉSIDENT DIOCÉSAIN, MM. l'abbé Fortier, 97, rue Denfert-Rochereau — Casernes circonvoisines de **Saint-Augustin** (caserne de la Pépinière). M. l'abbé Crestey, 22, rue du Général-Foy. — Quartiers de **Belleville, Charonne, Ménilmontant**, l'abbé Baston, 1er vicaire à Ménilmontant, 18, rue Etienne-Dolet ; siège de l'Œuvre, 109, rue Pelleport. — Quartiers de **La Glacière**, de **Lourcine**, du **Luxembourg** et de **Saint-Médard** : M. le Curé de Saint-Médard, 141, rue Mouffetard, et M. l'abbé Malbée, aumônier de la Pitié. — Siège de l'Œuvre, 14, rue du Banquier. — Casernes circonvoisines de **Saint-Philippe du Roule** (caserne de Penthièvre, etc.), Binz (Alfred), 8, rue Frédéric-Bastiat, et Labeyrie, 41, rue Washington. — Casernes de **Reuilly**, Mène, vicaire à St-Eloi, 16, rue de Picpus. — Casernes circonvoisines de **Saint-Pierre du Gros-Caillou** (Ecole militaire). Asseray, passage Landrieu, 9 *bis*. — Casernes circonvoisines de **Saint-Vincent de Paul** (Nouvelle France et Château-d'Eau), De la Charie, 21, rue Chabrol.

PARIS BANLIEUE. Place de **Vincennes** : MM. l'abbé Thibaut, aumônier de l'hôpital, 69, rue de Paris ; avenue de la République, 26, siège de l'Œuvre et N.

Casernements, bastions et forts de la banlieue : **Issy**, de Violaines, curé. — **Saint-Denis** : Iteney, curé de Saint-Denis de l'Estrée. — **Courbevoie** : l'abbé Petit, vicaire, 39, avenue Gambetta.

Pour les casernements où un prêtre n'est pas spécialement chargé du service religieux des soldats qui s'y trouvent, nous indiquons au moins le nom de la paroisse voisine, à qui appartiennent ces militaires, pour qu'ils puissent s'adresser aux curés de ces paroisses.

Voici **l'état détaillé** de la répartition des régiments du **Gouvernement de Paris**, de l'emplacement de ces régiments, ainsi que les noms de MM les aumôniers, chargés spécialement de tel ou tel régiment pour l'année 1899 1900.

GOUVERNEMENT DE PARIS

Département de la Seine.

PARIS-VILLE. *Hôpitaux.* **Val-de-Grâce** : titulaire, M. Sibassié, logé dans l'établissement. — **Saint-Martin** : titulaire, M. Collot, logé dans l'établissement, 8, rue des Récollets. — **Prison militaire**, 28, rue du Cherche-Midi : M. Fortier, aumônier titulaire, 97, rue Denfert Rochereau, Président du Comité consultatif des Œuvres militaires paroissiales. — **Hôtel des Invalides** : M Meuley, logé dans l'établissement. — **Hôpital de Vincennes**, 69, rue de Paris : M. Thibaut, aumônier, logé dans l'établissement. — **Pénitencier de Bicêtre** : M. N., vicaire à Gentilly.

2e Régiment d'Infanterie (4e bataillon).

2 compagnies à Saint-Germain-en-Laye : M. l'abbé Lepont, 2, rue Schnapper ; 1 compagnie au fort de Cormeilles, 1 compagnie à Poissy : MM. les curés respectifs.

4e Régiment d'Infanterie.

1 bataillon au fort de Charenton : M. le curé de Fontenay-sous-Bois.

5e Régiment d'Infanterie.

1 bataillon à Penthièvre : MM. Binz, 31, rue de Courcelles (*siège de l'Œuvre*) ; 8, rue Frédéric-Bastiat, et Labeyrie, 41, rue Washington
1 compagnie bastion 43 : M. l'abbé Ambler, vicaire à Saint-Michel des Batignolles, 101, avenue de Clichy.
1 compagnie bastion 46, 1 compagnie bastion 51, 1 compagnie bastion 53 : MM. Binz, 31, rue de Courcelles (siège de l'Œuvre) ; 8, rue Frédéric-Bastiat (demeure personnelle), et Labeyrie, 41, rue Washington.
1 compagnie bastion 61 (Auteuil).
4 compagnies (2 au bastion 61, 2 au bastion 68), chapelle Saint-Alexandre, M. Aubert, 35, rue de Javel (Grenelle).

24e Régiment d'Infanterie.

2 bataillons à l'Ecole militaire : MM. l'abbé Asseray, 9 *bis*, passage Landrieu.
1 bataillon (3 compagnies 1/2 Ecole militaire ; 1/2 compagnie Panthémont (Bellechasse) : M. l'abbé Asseray, 9 *bis*, passage Landrieu.

28e Régiment d'Infanterie.

2 bataillons à la Pépinière : M. Crestey, 22, rue du Général-Foy.
1 bataillon à la Nouvelle-France : M. de la Charie, 24, rue de Chabrol.

31e Régiment d'Infanterie.

10 compagnies aux Tourelles : MM. Baston, 109, rue Pelleport (siège de l'Œuvre).

46e Régiment d'Infanterie.

5 compagnies à Reuilly : M. Mène, vicaire à Saint-Eloi, 16, rue de Picpus.
1 bataillon au fort de Nogent : M. le Curé.

71e Régiment d'Infanterie (4e bataillon).

2 compagnies au fort Montrouge, 1 compagnie au fort de Verrières, 1 compagnie au fort de Palaiseau : MM. les Curés respectifs.

76e Régiment d'Infanterie.

2 bataillons au Château d'Eau (caserne du Prince-Eugène) : M. de la Charie, 24, rue de Chabrol.

89e Régiment d'Infanterie.

2 bataillons à Reuilly : 36, rue de Reuilly, M. l'abbé Mène, vicaire à Saint Eloi.
2 compagnies aux bastions 8 et 10 : M. l'abbé Mène, vicaire, 16, rue de Picpus.

101e Régiment d'Infanterie.

2 bataillons à Saint-Cloud : M. Agion, vicaire.
1 bataillon (3 compagnies fort de Saint-Cyr, 1 compagnie fort de Bois d'Arcy) : M. le chanoine Ch. Chabrun, curé de Bois d'Arcy.

102e Régiment d'Infanterie.

1 bataillon à Babylone : M. Asseray, 9 *bis*, passage Landrieu.
1 bataillon (1/2 compagnie à Babylone, 2 compagnies 1/2 à l'Ecole militaire) : Asseray, 9 *bis*, passage Landrieu. — (1 compagnie bastion 71, fort d'Issy) : le Curé d'Issy.
1 bataillon (1 compagnie fort de Vanves, 1 compagnie fort de Chatillon, 2 compagnies bastion 79) : s'adresser à MM. les Curés de Chatillon ou de Fontenay-aux-Roses, et à M. Blériot, curé de Montrouge, 88, avenue d'Orléans.

103e Régiment d'Infanterie.

6 compagnies à Lourcine : MM. le curé de Saint-Médard, 141, rue Mouffetard, et l'abbé Mathée, aumônier de la Pitié. Siège de l'Œuvre, 14, rue du Banquier.
2 compagnies bastion 82) : Blériot, curé de Montrouge.
2 compagnies bastion 89) : Vincent, curé d'Ivry. — (2 compagnies bastion 91) : Miramont, curé de Sainte-Anne de la Maison-Blanche, rue de Tolbiac, 186.

104e Régiment d'Infanterie.

1 bataillon à Latour-Maubourg : MM. l'abbé Asseray, Binz.
1 bataillon au fort d'Ivry : Vincent, curé d'Ivry.
1 bataillon (1 compagnie fort d'Ivry) : Vincent, curé d'Ivry. — (3 compagnies forts Bicêtre et Hautes-Bruyères) : N., vicaire à Gentilly, et Asseray.

119e Régiment d'Infanterie.

3 bataillons à Courbevoie : M. Petit, à Courbevoie, 39, avenue Gambetta.

120e Régiment d'Infanterie.

1 bataillon 1/2 à Saint-Denis : M. Heney, curé de Saint-Denis de l'Estrée.
2 compagnies au fort de Montlignon, 3 compagnies au fort de Domont, 1 compagnie au fort de Montmorency : MM. les curés respectifs.

125e Régiment d'Infanterie (4e bataillon).

3 compagnies au fort du Mont-Valérien : M. l'abbé Petit, vicaire à Courbevoie, 39, avenue Gambetta.
1 compagnie au réduit du Trou de l'Enfer : M. le chanoine Chabrun, curé de Bois d'Arcy.

128e Régiment d'Infanterie.

3 compagnies au fort de l'Est : M. l'abbé Heney, curé de Saint-Denis.
2 compagnies au fort de Stains : M. l'abbé Humez, curé de Stains.
1 bataillon au fort d'Aubervilliers : M. l'abbé Runner, administrateur de Sainte-Marthe des Quatre-Chemins, 102, route de Flandre.
1 compagnie au fort d'Ecouen, 1 compagnie au fort de Sevran-Livry : MM. les curés respectifs.

138e Régiment d'Infanterie (4e bataillon).

1 bataillon au Château-d'Eau (caserne du Prince-Eugène) : M. de la Charie, 24, rue Chabrol.

13e Régiment d'Artillerie.

11e et 12e batteries à l'Ecole militaire : M. Asseray, 9 *bis*, passage Landrieu.

16e Bataillon d'Artillerie à pied.

5 batteries à Rueil : M. Gourdin, 3, rue du Quatre-Septembre.
3 batteries au Mont-Valérien : M. Petit, à Courbevoie, 39, avenue Gambetta.

Ouvriers d'Artillerie.

Une partie de la 1re compagnie à l'Ecole militaire (annexe) : M. Asseray, 9 *bis*, passage Landrieu.

1er Régiment de Cuirassiers.

4 escadrons à la caserne Dupleix : M. Asseray.
1 escadron à Saint-Cloud : M. Aglon, vicaire.

2e Régiment de Cuirassiers.

Les 5 escadrons à l'Ecole militaire : M. Asseray.

19e Escadron du Train des Equipages militaires.

Ecole militaire (annexe) : M. Asseray.

Cavalerie de remonte.

Dépôt de remonte et détachement de la 1re compagnie de cavalerie de remonte, 13, boulevard Jourdan, bastion 81 : M. Blériot, curé de Saint-Pierre du Petit-Montrouge, 88, avenue d'Orléans.

22e Section de commis et ouvriers militaires d'Administration.

Caserne Panthémont (rue de Bellechasse), quai de Billy : M. Asseray, 9 *bis*, passage Landrieu.
La Rapée : M. l'abbé Maumus, curé de Bercy.
Vaugirard : M. l'abbé Rival, curé de Saint-Lambert de Vaugirard.
Billancourt : M. l'abbé Charon, curé de Billancourt.
Fort de l'Est : M. l'abbé Iteney, curé de Saint-Denis.

24e Section de commis et ouvriers militaires d'Administration.

Une partie à l'Ecole militaire : M. Asseray.

Infirmiers militaires.

5e Section (dépôt), bastion 47 : M. l'abbé Baston, 109, rue Pelleport.
22e Section, hôpital du Val-de-Grâce : M. Sibassié, aumônier. Hôpital Saint-Martin : M. Collot, aumônier. (Dépôt) au bastion 87 : M. l'abbé Reinburg, curé de Notre-Dame de la Gare.

20e section de Secrétaires d'état-major.

(Bureau du Ministère, de la Place, du Gouvernement militaire, du bureau central de recrutement) casernés à Pantiémont (rue de Bellechasse) et à la Tour-Maubourg : M. Asseray, 9 *bis*, passage Landrieu.

Service des Bureaux annexes (recrutement).

1er Bureau annexe, porte de la Chapelle, bastion 33 : M. l'abbé Ambler, vicaire à Saint-Michel des Batignolles, 101, avenue de Clichy, demeure personnelle.
2e Bureau, porte de Passy, bastion 59 : M. l'abbé Binz, 34, rue de Courcelles, Œuvre de Saint-Philippe ou M. l'abbé Asseray, 9 *bis*, passage Landrieu.
3e Bureau, porte de Chatillon, bastion 77 : M. l'abbé Blériot, curé de Saint-Pierre du Petit-Montrouge.
4e Bureau, porte de Charenton, bastion 4 : M. l'abbé Maumus, curé de Notre-Dame de Bercy.
5e Bureau, porte de Saint-Ouen, bastion 40 : M. Ambler, vicaire à Saint-Michel des Batignolles, 101, avenue de Clichy.
6e Bureau, porte de Champerret, bastion 49 : MM. Binz, 34, rue de Courcelles (siège de l'Œuvre), 8, rue Frédéric-Bastiat (demeure personnelle) et Labeyrie, 41, rue Washington.

Garde républicaine.

Boulevard Henri IV (caserne des Célestins) : M. l'abbé Grandjux, curé de Saint-Paul Saint-Louis.

Sapeurs-pompiers.

Boulevard du Palais, 9 : M. le curé de Saint-Louis-en-l'Ile.

1er Régiment du Génie.

Détachement de la compagnie 5/4 à la caserne Panthémont (rue de Bellechasse) : M. Asseray, 9 *bis*, passage Landrieu.

Gendarmerie (compagnie de la Seine).

1re section, gendarmerie des Minimes, casernée 12, rue de Béarn : M. le curé de Saint-Paul Saint-Louis.
2e section, gendarmerie de Passy, bastion (4, boulevard Lannes) : M. l'abbé Marbeau, curé de Saint-Honoré, et M. l'abbé Binz, 34, rue de Courcelles.

Vincennes.

Aumônier : M. THIBAUT.

26e bataillon de Chasseurs.

4 compagnies au vieux fort, 2 compagnies au camp de Saint-Maur : M. l'abbé Thibaut, 69, rue de Paris (hôpital), et 26, rue de la République (siège de l'Œuvre).

23e Régiment de Dragons.

Vincennes : M. Thibaut et 26, rue de la République.

12e Régiment d'Artillerie.

Vincennes (fort neuf), 10 batteries ; (fort de la Briche), 1 batterie montée, M. Thibaut.

13e Régiment d'Artillerie.

10 batteries au fort neuf ; 1 batterie à cheval au camp de Saint-Maur.

Ouvriers d'Artillerie.

1re compagnie au vieux fort.

24e Section de commis et ouvriers militaires d'Administration.

Une partie au vieux fort.

Infirmiers militaires.

24e section (une partie). Hôpital de Vincennes : M. Thibaut, aumônier de l'hôpital, logé dans l'établissement.

Département de Seine-et-Oise.

Versailles : Garnison, hôpital militaire : MM. Bergois, aumônier ; Gueusset et confrères, 4, impasse des Gendarmes. — Ecole de **Saint-Cyr** : aumônier titulaire, Lanusse, logé dans l'Ecole. — **Poissy** : Dubois, curé. — **Rambouillet** : Ecole d'enfants de troupe : Macaire, vicaire. — **Rueil** : l'abbé Gourlin, vicaire, 30, rue du Quatre-Septembre. — **Saint-Cloud** : Aglon, vicaire. — **Saint-Germain-en-Laye** : M. l'abbé Le Pont, rue Schnapper.

GOUVERNEMENT DE LYON

Le chanoine Clot, directeur diocésain, 88, rue de la Part-Dieu ; Vignal, auxiliaire. — Groupe des **Chartreux** et camp de Sathonay et prison militaire des Recluses : l'abbé Flandrin, 58, rue Pierre-Dupont. — Groupe de **Perrache** : l'abbé Fauraz, curé de Sainte-Blandine, et Granollier, vicaire, 48, cours Charlemagne. — Groupe de **Fourvière** : l'abbé Chausse, chapelain à Notre-Dame de Fourvière. — **Hôpital Desgenettes** : le chanoine Giraudier. — **Hôpital Villemanzy** (dit des Collinettes) : l'abbé Matricon.

Nord et Pas-de-Calais.

1er CORPS D'ARMÉE. — Chef-lieu : *Lille*.

Aumônier : M. l'abbé PARISSIMO, 33, rue de la Barre.

Arras : X., 28, rue des Bouchers-de-la-Cité.
Avesnes : le Doyen.

Bergues : le Doyen.
Béthune : l'abbé Létoile, rue du Détour.
Boulogne-sur-Mer : l'abbé Joncquel (curé).
Cambrai : l'abbé Somon, près l'ancienne Porte de Paris.
Douai : l'abbé Sigier, 18, square Saint-Pierre.
Dunkerque : l'abbé Carmel et le doyen de Saint-Eloi, rue des Vieux-Remparts.
Maubeuge : l'abbé Delvallée, 8, rue de la République.
Montreuil-sur-Mer : l'abbé Queste (curé).
Saint-Omer : l'abbé Delattre, 87, rue Thiers.
Valenciennes : l'abbé Llagre, 10, rue Salle-le-Comte.

Aisne, Oise, Somme.

2e CORPS D'ARMÉE. — Chef-lieu : *Amiens.*

Aumôniers : MM. VITASSE et DAVELUY, chanoine, 6, rue Metz-l'Evêque.

Abbeville : M. de Neuvillette, vicaire de Saint-Wulfran.
Beauvais : l'abbé de Hédouville, aumônier de l'hospice.
Ham : l'abbé Fouilloy, curé-doyen.
La Fère : l'abbé Lemaire, curé-doyen.
Laon : l'abbé Bouxin, vicaire de la cathédrale.
Noyon : l'abbé Lagiseaux, archiprêtre.
Péronne : l'abbé Farcy, vicaire.
Saint-Quentin : M. Pignon, archiprêtre, et M. l'abbé Baudrain, vicaire à la basilique.
Senlis :
Soissons : le chanoine du Chastel, rue Richebourg, 18; de Montrouge, 11, route de Paris.

Calvados, Eure, Seine-Inférieure.

3e CORPS D'ARMÉE. — Chef-lieu : *Rouen.*

Aumônier : M. le chanoine PASQUET, impasse Mastiquet.

Dieppe : le curé de Saint-Remy et M. l'abbé Deschamps, vicaire, 8, place Saint-Remy.
Elbeuf : le doyen de Saint-Jean.
Eu : le doyen.
Evreux : l'abbé Blin, secrétaire général de l'évêché
Le Havre : Hélas ! Pas d'œuvre catholique militaire, mais œuvre protestante (établie sous le nom de Société antialcoolique) ! ! ! Y voir les Curés respectifs.
Rouen : chanoine Pasquet, rue Potard, impasse Mastiquet.
Vernon : M. le Curé.

Eure-et-Loire, Mayenne, Orne, Sarthe.

4e CORPS D'ARMÉE. — Chef-lieu : *Le Mans.*

Alençon : l'abbé Rattier, 4 *bis*, rue Etoupée.
Argentan : l'abbé Montembault, vicaire à Saint-Germain, 37, rue de la Poterie.
Châteaudun : l'abbé Cremier, 8, rue du Coq.
Chartres : l'abbé Hervé, à l'Institut Notre-Dame, 7, rue aux Ormes.
Dreux : l'abbé Berthelot, 31, rue Saint-Martin.
La Flèche : l'abbé Calendini, vicaire à Saint-Thomas, 40, rue du Marché aux Chevaux ; ou l'abbé Morancé, aumônier du Prytanée National.
Laval : l'abbé Eudes, 4, rue du Séminaire.
Le Mans : l'abbé Aug. Grandin, 3, rue Maupertuis (aumônier de la prison militaire) ; l'abbé Rodien, vicaire à Saint-Pavin, 51, rue du Pavé.
Mamers : l'abbé Leduc (vicaire), 59, Grande-Rue.
Mayenne : l'abbé Feucault, vicaire à Notre-Dame, place de l'Eglise Notre-Dame (près le presbytère).
Nogent-le-Rotrou.

Loiret, Loir-et-Cher, Seine-et-Marne, Yonne.

5e CORPS D'ARMÉE. — Chef-lieu : *Orléans.*

Auxerre :
Blois : l'abbé Launay, 9, rue Pierre de Blois.
Coulommiers : ?
Fontainebleau : l'abbé Grison, 34, rue du Château.
Joigny : l'abbé Bornot, professeur au Petit Séminaire.
Meaux : ?
Melun :
Montargis : l'abbé de la Bigne.
Orléans : l'abbé Le Franc, 23, rue des Murlins.
Pithiviers : ?
Provins : ?
Sens : ?

Ardennes, Marne, Meuse, Meurthe-et-Moselle (arrondissement de Briey).

6e CORPS D'ARMÉE. — Chef-lieu : *Châlons-sur-Marne.*

Bar-le-Duc : Vermon (curé de Saint-Antoine).
Châlons : Camut, chanoine honoraire, 6, rue Chanaîn.
Châlons (camp de) : l'abbé Truchon, à Mourmelon-le-Petit.
Commercy : Corroy (vicaire).
Lérouville : Trouville (curé).
Mézières-Charleville : M. N., 2, rue de l'Eglise, à Mézières.
Montmédy : Robert (archiprêtre).

Reims :
Rocroi :
Saint-Mihiel : Verjus (curé-doyen).
Sampigny : Génin (curé).
Sedan : M. l'abbé Dervillé, curé de Saint-Charles, ou son vicaire, rue Jardin-des-Prêtres.
Stenay : Mangin (curé-doyen).
Verdun : Rampon (secrétaire de l'évêché), 5, impasse Saint-Jean.

Ain, Doubs, Jura, Haute-Marne, Haut-Rhin Haute-Saône et Rhône.

7e CORPS D'ARMÉE — Chef-lieu : *Besançon*.

Belley : l'abbé Rosier, vicaire à la cathédrale.
Belfort : l'abbé Jay (aumônier de l'hôpital militaire), 18, faubourg Montbéliard.
Besançon : chanoine Payen, aumônier du Pénitencier, 2, rue des Martelots.
Bourg : l'abbé Collet, vicaire à Notre-Dame.
Bruyères : l'abbé Souillard (curé).
Dôle : l'abbé Lebeau, 8, rue de la Monnaie.
Epinal : l'abbé Daval, 17, rue Aubert.
Gray : Une œuvre existe : nous ignorons le nom du nouvel aumônier.
Langres :
Lons-le-Saunier : Chère, directeur du grand séminaire.
Lure : chanoine Heuvrard, curé de Lure.
Montbéliard :
Remiremont : l'abbé Leroy.
Saint-Dié : l'abbé Lucas, vicaire à Saint-Martin, rue de la Gare.

Cher, Côte-d'Or, Nièvre, Saône-et-Loire.

8e CORPS D'ARMÉE — Chef-lieu : *Bourges*.

Autun : abbé Monnot, vicaire à la cathédrale.
Auxonne : abbé Jarlot, vicaire.
Beaune : l'abbé Pierrotte, curé de Saint-Nicolas.
Bourges : Chaboisseau, aumônier de l'hôpital militaire 33, rue Moyenne.
Cosne : l'archiprêtre (pour les séminaristes seulement) et M. X., vicaire.
Dijon : abbé Baron, 83, rue Berbisey.
Nevers : l'abbé Arbelot, directeur des œuvres, Clos Saint-Joseph, 8, rue Sainte-Hélène.

Deux-Sèvres, Indre, Indre-et-Loire, Maine-et-Loire, Vienne.

9e CORPS D'ARMÉE. — Chef-lieu : *Tours.*

Angers : l'abbé Chaplain, chanoine, 12, rue Kellermann.
Châteauroux : l'abbé Pavillard, vicaire à Saint-André.
Châtellerault : l'abbé Jacon, vicaire à Saint-Jacques.
Cholet : l'abbé Boisdron, vicaire à Saint-Pierre.
Issoudun : le curé, P. Héribault.
Le Blanc : l'Archiprêtre.
Niort : l'abbé Billard, 1er vicaire de Saint-André.
Poitiers : l'abbé Boyer, aumônier de Sainte-Croix.
Saint-Maixent : l'abbé Guérin, curé.
Saumur : Curé de Saint-Nicolas.
Tours : l'abbé Chapier, 3, rue du Président-Merville, près Saint-Martin.

Côtes-du-Nord, Ille-et-Vilaine, Manche.

10e CORPS D'ARMÉE. — Chef-lieu : *Rennes.*

Dinan : Dupré, aumônier militaire, 5, rue Chateaubriand.
Cherbourg : M. l'abbé Lefeuvre, 22, rue de la Tour Carrée.
Fougères : Charbonnel, vicaire à Saint-Léonard, 15, rue Rallier.
Guingamp : chanoine Gœury, 8, rue Saint-Nicolas.
Granville : Briand, vicaire à Saint-Paul, place Saint-Paul.
Rennes : Lecoiffier, aumônier militaire, 13, rue de Dinan, impasse Alain-Fergent.
Saint-Lô : Penitôt, vicaire à Notre-Dame, 11, rue des Menuyères.
Saint-Brieuc : Le Pennec, professeur au Grand Séminaire.
Saint-Malo : Bertrand, vicaire à la cathédrale, 11, rue de la Fosse.
Saint-Servan : Verdier, vicaire, rue Jeanne-Jugan.
Vitré : Ridel, vicaire à Saint-Martin, pourtour de l'église.

Finistère, Loire-Inférieure, Morbihan, Vendée.

11e CORPS D'ARMÉE. — Chef-lieu : *Nantes.*

Ancenis : l'abbé Maugé, vicaire, impasse Tartifume.
Brest : l'abbé Le Bihan, 11, rue de l'Harteloire.
Fontenay-le-Comte : l'abbé Jaguenau, rue du Puits-Lavau.
Ile d'Yeu : le vicaire de Notre-Dame du Port.
La Roche-sur-Yon : l'abbé Limousin, 11, rue Chanzy.
Lorient : l'abbé Morcrette, rue de l'Hôpital.
Morlaix : l'abbé Le Bihan, vicaire à Sainte-Melaine, 9, rue de Ploujean.
Nantes : Mgr de Couëtus, 15, rue Royale ; l'abbé Delanoue, aumônier de la prison militaire, 21, rue Saint Donatien.
Pontivy : l'abbé Jouhanno, aumônier de l'hôpital, rue du Vieux Chemin.

Quimper : l'abbé Le Dû, rue Jules-Noël.
Saint-Nazaire : l'abbé Feldel, aumônier de l'hôpital, rue de la Briandais
Vannes : l'abbé Guiomard, 56, rue de l'Hôpital.

Charente, Corrèze, Creuse, Dordogne, Haute-Vienne.

12e CORPS D'ARMÉE. — Chef-lieu : *Limoges.*

Angoulême : le R. P. Alphonse Duguy, 12, rue Basse-Montmoreau.
Bellac : l'abbé Lacan, vicaire.
Brive : l'abbé Chaminade, curé de Saint-Cernin.
Guéret : Aucun renseignement ne nous est parvenu.
Limoges : le R. P. Bouniol.
Magnac-Laval : l'abbé Lestrade, vicaire.
Périgueux : l'abbé Laguarrigue, vicaire à la Cité.
Tulle : le Curé de Saint-Jean-Baptiste et M. Saule, vicaire.

Allier, Cantal, Haute-Loire, Loire, Puy-de-Dôme.

13e CORPS D'ARMÉE. — Chef-lieu : *Clermont-Ferrand.*

Aurillac : l'abbé Simon, vicaire à Notre-Dame, 1, rue des Carmes.
Clermont-Ferrand : l'abbé Mercier, place des Carmes-Déchaussés. Siège de l'Œuvre : rue de Strasbourg, près l'église Saint-Joseph.
Montbrison : l'abbé Seignol, vicaire de Saint-Pierre.
Montluçon : l'abbé Tinardon, vicaire à Notre-Dame.
Moulins : un vicaire de la paroisse du Sacré-Cœur, 15, rue de la Fraternité.
Le Puy : l'abbé Ch. André, archiprêtre, 22, rue de l'Ancienne-Préfecture, et l'abbé Bastide, vicaire, 26, rue de l'Ancienne-Préfecture.
Roanne : l'abbé Durris, vicaire de Saint-Etienne.
Saint-Etienne : l'abbé Veillet, 93, Grande-Rue Saint-Roch.

Basses-Alpes, Drôme, Hautes-Alpes, Haute-Savoie, Isère, Savoie.

14e CORPS D'ARMÉE. — Chef-lieu : *Lyon-Grenoble.*

Albertville : l'abbé Gontheret, curé de Saint-Sigismond, près la cure.
Annecy : l'abbé Maistre, vicaire, 18, rue Sainte-Claire.
Bourgoin : le clergé paroissial.
Briançon : l'abbé Blanchard, vicaire.
Chambéry : l'abbé Lacombe, aumônier de l'hôpital, rue du Colombier.
Embrun : l'abbé Silvestre, vicaire, à la cure.

Gap : le chanoine Dupuy, école des Frères, rue de l'Imprimerie.
Grenoble : le R. P. Gorse, demeure privée, 11, place des Tilleuls, Siège de l'Œuvre : 1, Porte des Adieux.
Modane : forts de Replaton, du Sapey : Demaison, curé de Modane-Ville. Fort du Replat et hôpital militaire : le curé de Fourneaux. Fort de l'Esseillon : l'abbé Ch. Albrieux, curé des Aussois.
Mont-Dauphin : l'abbé Borel, curé.
Montélimar : l'abbé Gerein, vicaire, et l'abbé Goud, vicaire, rue des Granges.
Moutiers : l'abbé Gonthier, professeur au petit séminaire.
Romans : l'abbé Perrier, vicaire, rue de l'Armillerie.
Valence : l'abbé Raymond, curé de Saint-Jean, et ses vicaires, 4, rue du Petit-Saint-Jean. Œuvre bien établie.
Vienne : l'abbé Lanfrey, vicaire de Saint-Maurice, route d'Avignon, près la gare.

Alpes-Maritimes, Ardèche, Basses-Alpes, Bouches-du-Rhône, Corse, Gard, Var, Vaucluse.

15e CORPS D'ARMÉE. — Chef-lieu : *Marseille*.

Aix : l'abbé Perraudin, 25, rue Emeric-David.
Ajaccio : N.
Arles : l'abbé Dayme.
Avignon : l'abbé Jurand, 3, place des Trois-Pilats, et P. Nicot, 20, rue de la République.
Digne : 10, rue Mère-de-Dieu ; l'abbé Joubert, vicaire à la cathédrale, et M. Germain, directeur au grand séminaire.
Nice : l'abbé Mondange, 33, rue Victor.
Nîmes : M. Brun, 26, rue Notre-Dame.
Pont-Saint-Esprit : l'abbé Barnier.
Saint-Hippolyte du Fort : l'abbé Polge, Ecole militaire.
Tarascon : M. l'abbé... L'Œuvre existe bien.
Toulon : le chanoine Pastoret et les Pères Maristes.
Uzès : les vicaires de la cathédrale.

Aude, Aveyron, Héraut, Lozère, Pyrénées-Orientales, Tarn.

16e CORPS D'ARMÉE. — Chef-lieu : *Montpellier*.

Castelnaudary : Laffon-Maydieu, 47, rue de Toulouse.
Mende : de Ligonnès, supérieur du grand séminaire.
Montpellier : Négrel, 14, rue Bonnard.
Perpignan : l'abbé Xergès, aumônier de l'hôpital militaire, 11, rue Sainte-Catherine.
Quant aux autres garnisons de ce corps d'armée : **Albi, Béziers, Castres, Narbonne, Rodez, Carcassonne, Lodève, Lunel**, aucun renseignement ne nous est parvenu.

Ariège, Haute-Garonne, Gers, Lot, Lot-et-Garonne Tarn-et-Garonne.

17e CORPS D'ARMÉE. — Chef-lieu : *Toulouse*, 10, rue Sainte-Anne.

Agen : l'abbé Sabatier, vicaire à Notre-Dame des Jacobins.
Auch : le chanoine Trilles, secrétaire général de l'archevêché.
Pour **Castelsarrasin, Cahors, Foix**, aucun renseignement ne nous est parvenu.
Pour **Marmande, Mirande, Montauban, Pamiers**, aucun renseignement ne nous est parvenu.
Saint-Gaudens : Serville (avocat) s'occupe très sérieusement des soldats qu'on lui adresse ; voir le clergé paroissial.
Toulouse : Delpech, archiprêtre de la métropole, et de Falguières, aumônier de l'hôpital militaire et de la prison militaire, 10, rue Sainte-Anne.

Charente-Inférieure, Gironde, Landes, Basses-Pyrénées, Hautes-Pyrénées.

18e CORPS D'ARMÉE. — Chef-lieu : *Bordeaux*.

Bayonne : l'abbé Brincas, amônier de l'hôpital militaire.
Blaye : le chanoine Gaussens.
Bordeaux : le chanoine Boyer et l'abbé Burbaud, 101, rue Mazarin.
La Rochelle : l'aumônier de l'hôpital militaire.
Libourne : Latour, archiprêtre.
Mont-de-Marsan :
Pau : l'abbé Camps, vicaire à Saint-Jacques.
Saintes : Guillotin, aumônier de l'hôpital.
Tarbes : P. Fourcade, cours Gambetta.

19e CORPS D'ARMÉE

GOUVERNEMENT D'ALGER

Province d'Alger.

Alger : MM. Allard, aumônier du lycée, aumônier de la prison militaire ; Saint-Martin, aumônier de l'hôpital militaire.
Aumale : (hôpital militaire) : Bastide.
Blidah (hôpital militaire) : l'abbé Piquemal.
Boghar (hôpital militaire) : Impens, chanoine honoraire.
Bou-Saâda (hôpital militaire) : Massacrier.
Cherchell (hôpital militaire) : Papelier.
Coléa (hôpital militaire) : Sabatier.
Dellys (hôpital militaire) : Lauro.
Dra-el-Mizan (hôpital militaire) : Raymond.
Laghouat (hôpital militaire) : Carel.
Médéah (hôpital militaire) : Fornes.

Milianah (hôpital militaire) : Lepin.
Orléansville (hôpital militaire) : Thibon.
Ténez (hôpital militaire) : Vial.
Teniet-el-Hâad (hôpital militaire) : Vial.
Tizi-Ouzou (hôpital militaire) : Deyrieux.

Province d'Oran.

Ammi-Moussa : Fokel, curé.
Arzew (hôpital militaire) : l'abbé Faure, curé.
Bel-Abbès (hôpital militaire) : le chanoine Poux, curé.
Daya (hôpital militaire) : l'abbé Destrez, curé
Géryville (hôpital militaire) : l'abbé Cholat, curé.
Mascara (hôpital militaire) : l'abbé Risch, curé.
Mechéria : Garnison : l'abbé Doumens.
Mers-el-Kébir (le fort de), détenus : l'abbé Guinefoleau, curé.
Mostaganem (hôpital militaire) : le chanoine Gazel, curé.
Nemours (hôpital militaire) : l'abbé Cot, curé.
Oran-Ville : M le chanoine Poupart ✻, aumônier de la prison et de l'hôpital militaire; M. l'abbé Bellamy, directeur de l'Œuvre des soldats, rue Ménerville, 1.
Saïda (hôpital militaire) : le chanoine Pons, curé.
Sebdou et **El-Aricha** (hôpital militaire) : l'abbé Médaillon, curé.
Tlemcen (hôpital militaire) : le chanoine Brevet, curé.
Tiaret (hôpital militaire) : l'abbé Maliver, curé.

Province de Constantine.

Aïn-Béïda : l'abbé Dubois.
Batna : l'abbé Maurel.
Biskra : l'abbé Métivet.
Bône : l'abbé Montastruc.
Bougie : l'abbé Puisségur.
Collo : l'abbé Bonnet.
Constantine : R. P. Edme.
Djidjelli : l'abbé Branche.
Gardaïa : P. Malfray.
Guelma : les abbés Bonitron et Trinchant.
Kenchela : l'abbé Jullia.
La Calle : l'abbé Orsoni.
Ouargla : P. Hugenos.
Philippeville : l'abbé Sandrayl.
Sétif : l'abbé Cazelles.
Souk-Ahras : l'abbé Baud.
Tébessa : l'abbé Delapard.

Pour les postes situés tout à fait dans le Sud-Algérien, s'adresser pour les renseignements à M. le Supérieur des Pères Blancs à Gardaïa.

Aube, Meurthe-et-Moselle, Vosges.

20e CORPS D'ARMÉE. — Chef-lieu : *Nancy*.

Lunéville : le premier vicaire de Saint-Jacques.
Nancy : le chanoine Girard, pavillon Drouot, 40, quai Claude-le-Lorrain, et l'abbé Porté.
Neufchâteau : l'abbé Joly, curé de Saint-Christophe.
Toul : le premier vicaire de la cathédrale.
Troyes : Balanger, vicaire à Saint-Nicolas, 11, rue de la Tour-Boileau.
Quant aux autres garnisons de ce corps d'armée, nous n'avons reçu jusqu'ici aucun renseignement sur les œuvres militaires qui pourraient y exister. Ces garnisons sont : **Baccarat**, **Brienne**, **Chaumont**, **Longwy**, **Pont-à-Mousson**, **Saint-Nicolas-du-Port**, le camp des **Ecrouves**, près Toul, **Rambervillers**.

GOUVERNEMENT DE TUNISIE

Aïn-Draham : Garnison et hôpital militaire : M. Andrieux, aumônier titulaire.
Bizerte : Garnison : Roger, curé.
Carthage : Forteresse : R. P. Delattre, curé.
Gabès : Garnison et hôpital militaire : Danielli, aumônier titulaire.
Gafsa : Garnison et hôpital militaire : Hoquétis, aumônier titulaire.
Hammamet : Garnison : Martin, curé.
Kairouan : Garnison : Benelli, curé.
La Goulette : Garnison : Leynaud, curé.
Le Kef : Garnison et hôpital militaire : Giudicelli, aumônier titulaire.
Manouba : Garnison : Marceille, aumônier titulaire de Tunis.
Medenine et **Tataouine** : Garnison et ambulance : Dianelli, aumônier titulaire de Gabès.
Monastir : Garnison : Franco, curé.
Sfax : Garnison et hôpital : Raoul, aumônier titulaire.
Souk-el-Arba : Garnison : Boudou, curé.
Souk-el-Djema : Garnison : Giudicelli, aumônier titulaire du Kef.
Sousse : Garnison et hôpital militaire : Pierregrosse, aumônier titulaire.
Tabarka : Garnison : Cassagne, curé.
Tebourba : de Sinet, curé de Schniggul.
Teboursouk : Neu, curé de Béja.
Tunis : Garnison et hôpital militaire : le chanoine Marceille, aumônier titulaire.
Zaghouan : Garnison : Morlamet, curé de Sainte-Marie-du-Zit.

TONKIN ET ANNAM

Tonkin.

Hanoï : MM. Letourmy.
Lao-kay : Méchet.
Nam-Pinh : Bertrand.
Sontay : Robert.
Tuyen-quang : Ganja.
Yen-bay : Girod.

Annam.

Thanh-hoa : Mgr Marcou.
Vinh : Mgr Abgrall.

Dans les autres postes, le service est assuré par le missionnaire le plus rapproché, soit des Missions étrangères, soit des Missions Dominicaines.

Liste des Aumôniers titulaires de la marine.

Brest (hôpital maritime) : Robert
Cherbourg (hôpital maritime et prison) : Mac.
Division des garde-côtes, à bord du *Bouvines* : Ménard.
Division navale de l'Atlantique, à bord du *Cécille* : Ducuron.
2e Division navale de l'Extrême-Orient, à bord du *d'Entrecasteaux* : Bridonneau.
Ecole d'application des aspirants, à bord du *Duguay-Trouin* : Roubaud ✻.
Ecole des mousses, à bord de la *Bretagne* : Thimel.
Ecole de canonnage, à bord de la *Couronne* : Lestrade.
Ecole des gabiers, à bord de la *Melpomène* : Revel.
Ecole navale, à bord du *Borda* : Benoit.
Escadre du Nord, à bord du *Masséna* : Brulay des Varannes ✻.
Escadre de la Méditerranée (Division des garde-côtes de l'escadre du Nord), à bord du *Saint-Louis* : Le Gac ✻.
Escadre d'Extrême-Orient, à bord du *Redoutable* : Lainard.
Lorient (hôpital maritime) : Darrieux ✻.
Port-Louis (Morbihan) (hôpital maritime) : Bochez ✻.
Rochefort (hôpital maritime).
Saint-Mandrier (Var) (hôpital maritime) : de Bourneville.
Corps expéditionnaire de Chine (Chine) : Jamont et Manse à bord du *Mytho*.
Corps expéditionnaire de Chine (Chine) : Cornuault
— — Julian.
Transport (hôpital du corps expéditionnaire de Chine), à bord de la *Nive* : Subtil.
Transport (hôpital du corps expéditionnaire de Chine), à bord du *Vinh-Long* : Roux.
Brest (Ecole des mécaniciens et prison militaire) : Le Roux.
Toulon (hôpital militaire) : Caillebotte.
Corps expéditionnaire de Chine (Chine) : de Villeneuve.
— — Derbord.

Pour recevoir la liste des aumôniers, s'adresser à M. l'abbé Bins, 8, rue Frédéric-Bastiat.

TABLE DES MATIÈRES

Lyon. — Imp. Emm. VITTE, rue de la Quarantaine, 18.

www.ingramcontent.com/pod-product-compliance
Lightning Source LLC
LaVergne TN
LVHW010039230826
846091LV00005B/1786

9782012722453